In der Bücherei – Erste Aufwärmübungen zum Einlesen

1 Anna hat eine E-Mail bekommen

Anna schaltet ihren Computer ein und liest folgende E-Mail:

Nachricht | Einfügen | Optionen | Text formatieren | Entwicklertools

Senden

An... Anna@email.de

Cc... Leon@webmail.de

Betreff: Wollen wir morgen in die Bücherei gehen?

Hallo Anna!
Ich gehe morgen Nachmittag in die Stadtbücherei, um meine au⌐geliehenen Bücher zurückzubringen. Besonders toll f⌐nde ich das Buch über die Wiking⌐r. Das möchte ich dir un⌐edingt empfehlen. Auch die ander⌐n Bücher sind spanne⌐d. Das Buch mit den Detektivgeschichten habe ich gleich zweimal gelesen.
Auf jeden ⌐all ⌐ber werde ich einige Büc⌐e⌐ zum Lesen mit nach Hause nehmen.
Ich bin schon neugie⌐ig, ob es ⌐uch wieder Neuerscheinungen in der Sta⌐tbücherei gibt.
⌐asst es dir, wenn wir uns morgen so gegen 14.30 Uhr vor der Büchere⌐ treffen?
Wenn wir fertig ⌐ind, könnten wir ja noch ein Eis essen.
Ci⌐o, bis morgen!
Leon

In die Mail hat sich ein Virus eingeschlichen. Einige Buchstaben sind verloren gegangen. Setze die verlorenen Buchstaben der Reihe nach in die Lösungskästchen ein.

Im ersten Abschnitt erfährst du, wie viele Büch[illegible] ausgeliehen hat:

Im zweiten Abschnitt erfährst du, was Anna zur Stadtbücherei mitbringt:

Im dritten Abschnitt erfährst du, wie die Eisdiele heißt, in der die beiden ein Eis essen:

Anna und Leon sind Leseratten. Welche Bücher lesen sie am liebsten?
Blättere einfach auf die nächste Seite um!

2 In der Bücherei

a Lies den Text genau und trenne in den ersten drei Abschnitten die einzelnen Wörter mit senkrechten Strichen ab.
Der vierte Abschnitt hat den Rückwärtsgang eingeschaltet.
Diese Wörter musst du von hinten nach vorne lesen.

AnnaundLeonhabensichinderStadtbüchereige
troffen.NachdemLeonseineBücherzurückgegebe
nhat,schmökerndiebeideninderBüchereiherum.

ERFREUTENTDECKTLEONEINNEUESBUCHÜBERD
ASWELTALL,DASERSOFORTMITNIMMT.LEONLIES
TNICHTNURWISSENSCHAFTLICHEBÜCHER.ERIS
TEINFANVONDETEKTIVGESCHICHTEN.DESHALB
LEIHTERSICHZWEIBÄNDEAUSDERREIHE„KOMMI
SSARWELBERLÖSTDIESCHWERSTENFÄLLE“AUS.

Ann agefal lenBü cherü berPfe rdeg anzbes ond ers. Sieen tdeckt dreiBü che rüb erPfer
de, diesies icha usleiht. DaA nnaimU nte rricht ger ade dieR ömerdu rchnim mt, nim
mtsi eau chno cheinBu chm itdem Tit el„Ro m – E inere icheVe rgan gen heit“mit. „Je
tztsi ndwi rwied er füre ineWo chem itLe ses toffve rso rgt“, fre uts ichL eon.
neßorg nenie hcis nelletseb dnu éfacsiE sni nedieb eid neheg ierehcüB red hcaN
.tneidrev hcis eis nebah neD .rehcebsiE

b Vergleiche die folgenden Sätze mit dem Text „In der Bücherei.“
Ein Wort ist in jedem Satz anders. Markiere das Wort farbig.

Anna und Leon haben sich in der Apotheke getroffen.
Er ist kein Fan von Detektivgeschichten.
Den haben sie sich gekauft.
Anna gefallen Bücher über Vögel ganz besonders.
Nachdem Leon seine Bücher zurückgegeben hat,
schmökern die zwei in der Bücherei herum.
Sie findet drei Bücher über Pferde, die sie sich ausleiht.
Nach der Bücherei gehen die beiden ins Eiscafé und
bestellen sich einen riesigen Eisbecher.
Leon liest nicht einmal wissenschaftliche Bücher.
Erfreut entdeckt Leon ein neues Buch über das Weltall,
das er schnell mitnimmt.

Streiche nun im Kasten alle oben markierten Wörter durch.

gekauft	Ich	Apotheke	kein	bin
zwei	schon	ein	findet	Vögel
guter	riesigen	einmal	Leser	schnell

Lies die übrig gebliebenen Wörter der Reihe nach und schreibe sie auf die Zeile.
Freue dich über das Ergebnis!

3 Den Texten auf die Spur kommen

a Hier liest du vier verschiedene Texte. Unterstreiche die Zeilen, die zusammengehören, mit der vorgegebenen Farbe.

1 Sterne sind unvorstellbar riesige glühende Kugeln aus Gas. Sie
2 Schokoriegel mit dem traumhaften Schmelzüberzug sind
3 Der Rabe saß auf einem Baum und wollte sich eben den
4 Endlich ist die kalte Jahreszeit vorbei. Die Bäume treiben
5 heute im Angebot. Überzeugen Sie sich, geschätzte Kundinnen und
6 erstrecken sich über den gesamten Weltraum. Einige von ihnen
7 Käse schmecken lassen, den er dem Bauern in seinem Hof vom
8 üppig ihre Blätter aus. Die Wiesen beginnen zu blühen und die Bäume
9 sind Millionen Jahre, andere wieder etliche Milliarden Jahre alt.
10 Tisch gestohlen hatte. Plötzlich sah er unter sich im Gras den Fuchs
11 werden dichter. In ihrem Schutz können viele Vögel mit dem Brüten
12 Kunden, von dem süßen Hochgenuss. Der neue Schokoriegel im
13 daherschleichen. Der blickte zum Raben hinauf und sprach ihn mit
14 Sterne sind so weit von unserer Erde entfernt, dass wir sie nur als
15 Fünferpack ist nur heute so billig wie geschenkt. Beachten Sie bitte
16 beginnen. Die Tage werden spürbar länger, die Sonne steht höher
17 auch unsere Sonderangebote bei den Waschmitteln. Das superstarke
18 am Himmel. Es ist wieder angenehm warm draußen. Auch die Menschen
19 schmeichelnden Worten an: „Sei gegrüßt, Meister Rabe! Ihr seht gut
20 winzige Lichtpunkte am Nachthimmel erkennen können. Sternbilder
21 kommen aus ihren Häusern und machen ausgiebige Spaziergänge am
22 Waschmichfix gibt es in dieser Woche noch zum Traumsparpreis.
23 aus – wie ein Adler im Sommerwind. Könnt ich nur noch eure Stimme
24 sind kleine Muster von Sternen. Jedes davon hat einen eigenen
25 nahe gelegenen See oder in den umliegenden Wäldern. Die Natur ist
26 Namen, zum Beispiel: der Große Wagen. Die größten Sterne sind die
27 hören!“ Dem Raben gefiel diese Schmeichelei. Um seine Stimme ertönen
28 Denken Sie auch an die bevorstehenden Feiertage. So manches
29 erwacht und nichts erinnert an die Kälte des vergangenen Winters.
30 Schnäppchen können Sie in der Lebensmittelabteilung machen. Nutzen
31 zu lassen, sperrte er den Schnabel auf. Dabei fiel ihm der Käse auf
32 Supergiganten. So ist der Stern Antares 700-mal so groß wie die Sonne.
33 den Boden. Und das wiederum hatte der schlaue Fuchs beabsichtigt.
34 Sie unsere großzügigen, kostenlosen Parkplätze vor dem Haus.
35 Ein schönes Jahr liegt vor uns und bis zum Winter ist es noch weit.
36 Keiner weiß genau, wie viele Sterne es im unendlichen Universum gibt.

b Markiere in den unten stehenden Kästen

- alle Zeilennummern mit Kennbuchstaben **blau**, die zum Text „Sterne sind unvorstellbar …“ gehören.
- alle Zeilennummern mit Kennbuchstaben **gelb**, die zu „Schokoriegel mit dem traumhaften Schmelzüberzug …“ gehören.
- alle Zeilennummern mit Kennbuchstaben **rot**, die zum Text „Der Rabe saß auf einem Baum …“ gehören.
- alle Zeilennummern mit Kennbuchstaben **grün**, die zum Text „Endlich ist die kalte Jahreszeit vorbei …“ gehören.

Zeilennummer	1	2	3	4	5	6	7	8	9	10	11	12
Kennbuchstabe	B	L	B	B	E	U	U	U	C	C	C	S

Zeilennummer	13	14	15	16	17	18	19	20	21	22	23	24
Kennbuchstabe	H	H	E	H	R	T	S	S	I	A	T	E

Zeilennummer	25	26	27	28	29	30	31	32	33	34	35	36
Kennbuchstabe	T	I	A	T	E	T	B	T	E	E	L	E

c Alle Lösungswörter haben mit dem Lesen zu tun. Schreibe sie auf.

blau: ____________________ **gelb:** ____________________

rot: ____________________ **grün:** ____________________

4 Ein ganz kleiner Unterschied

Vergleiche die folgenden Zeilen mit den entsprechenden Zeilen der Aufgabe 3 a. Unterstreiche jeweils das Wort, das sich geändert hat.

schmeichelnden Worten an: „Sei du gegrüßt, Meister Rabe! Ihr seht gut
bist im Angebot. Überzeugen Sie sich, geschätzte Kundinnen und
zu lassen, sperrte er den Schnabel auf. Dabei fiel ihm ein Käse auf
Sterne sind so weit von guter Erde entfernt, dass wir sie nur als
Endlich ist die kalte Jahreszeit vorbei. Die Leser treiben

Trage die unterstrichenen Wörter in Großbuchstaben in den Lösungskasten ein.

Lösung: __ __   __ __ __ __   __ __ __   __ __ __ __ __   __ __ __ __ __ .

Anna und Leon auf Schnipseljagd – Texte wortgenau lesen

Zum Thema „Wüste“ hält Anna morgen in der Klasse einen Vortrag.
Stolz liest sie ihre Arbeit noch einmal durch:

Die Wüste lebt

Der Wind weht durch den Wüstensand und schichtet den Sand zu Hügeln auf. Diese Hügel nennt man Dünen. Wenn der Wind ständig seine Richtung ändert, dann haben die Dünen keine besondere Form. Weht der Wind aber hauptsächlich aus einer Richtung, dann entstehen häufig Dünen, die die Form einer Mondsichel haben. Diese Dünen haben den Namen Sicheldünen oder Barchan.

Es kommt vor, dass die wandernden Dünen wertvolles Ackerland unter sich begraben. Um das Wandern der Dünen aufzuhalten, pflanzen die Menschen Bäume und Gräser. Sie sollen den Sand verankern.

Ungefähr ein Fünftel aller Wüsten der Erde ist mit Sand bedeckt. Es gibt auch große Gebiete ohne Sand, die sogenannten Gesteinswüsten. Durch das Abholzen von Bäumen und durch die Übergrasung kann fruchtbares Land zur Wüste werden. Das Ergebnis dieses Missbrauchs nennt man Verwüstung.

Auch Klimaveränderungen können zu Wüsten führen. So entstand etwa die Sahara-Wüste vor mehr als 7000 Jahren. In der Wüste gibt es Gebiete mit Wasserversorgung. Das sind die Oasen. Manche Oasen haben Brunnen, die die Bewohner mit Grundwasser versorgen. Alle glauben, dass es in der Wüste immer heiß ist. Das stimmt nur zur Hälfte, denn nachts kühlt es ab und die Wüstengebiete sind sehr kalt. Daher tragen Wüstenbewohner lange Kleider und Kopfbedeckungen. In der Nacht wärmen die Kleider. Am Tag schützen sie vor der Hitze. Sie halten Sand und Staub ab und verhindern einen Sonnenbrand.

5 Ein guter Vortrag

Anna hat an ihrem Vortrag fleißig gearbeitet. Immer wieder hat sie den Text verbessert und die Sätze geändert.

a Finde heraus, welche beiden Sätze gleich sind.
Lies genau und markiere die beiden Sätze mit der gleichen Farbe.

1	Wenn der Wind ständig die Richtung ändert, dann haben die Dünen keine besondere Form.
2	Wenn der Wind ständig seine Richtung ändert, dann haben die Dünen keine besondere Form.
3	Wenn der Wind immer seine Richtung ändert, dann haben die Dünen keine besondere Form.
4	Wenn der Wind ständig die Richtung dreht, dann haben die Dünen keine besondere Form.
5	Wenn der Wind ständig seine Richtung ändert, dann haben die Dünen eine besondere Form.
6	Wenn der Wind ständig seine Richtung ändert, dann haben die Dünen keine besondere Form.
7	Wenn der Wind oft seine Richtung ändert, dann bekommen die Dünen eine besondere Form.

b Welche Sätze aus dem Text „Die Wüste lebt" sind das? Schreibe sie richtig auf die Zeilen. Wörter, die du verwendet hast, kannst du abstreichen.

dieses Das man Ergebnis nennt Verwüstung. Missbrauchs

____

____

und und einen ab Sie Sonnenbrand. Staub Sand verhindern halten

____

____

und Durch durch das die von kann zur werden. Übergrasung Land Bäumen fruchtbares Wüste Abholzen

____

____

____

es zur kalt. Das nachts nur und Hälfte, denn sind sehr kühlt die ab Wüstengebiete stimmt

____

____

____

6 Viel Spaß für Nico

Anna lässt ihren Vortrag auf dem Schreibtisch liegen und geht nach draußen.
Sie trifft sich mit Leon zum Spielen. Als sie nach ungefähr drei Stunden zurückkommt, traut sie ihren Augen nicht!
Nico, ihr kleiner Hund, hat das Blatt mit dem Vortrag „Die Wüste lebt“ und noch andere Blätter zerbissen und in lauter kleine Papierschnipsel zerlegt.
Nico wedelt vor Freude mit dem Schwanz, als er Anna sieht. Zuerst ist Anna sehr böse auf ihn. Doch der kleine Hund wollte nur spielen. Was bleibt ihr anderes übrig, als die Papierschnipsel zu sortieren und ihren Vortrag wieder zusammenzukleben?
Leon hilft Anna bei der „Schnipseljagd“.

a Fast geschafft! Nur noch diese Textschnipsel sind zu bearbeiten. Stelle fest, welche Teile zu Annas Vortrag „Die Wüste lebt“ gehören. Markiere im Kasten unten die richtigen Nummern mit den darunter stehenden Kennbuchstaben farbig.

2
ringen.
Die Sprechzeit von
hat sich geändert.
Elternsprechstun
um 13.00 Uhr
rung.

8
und schichtet den Sand zu Hü
der Wind ständig seine Richtung
Form. Weht der Wind aber hau
äufig Dünen, die die Form eine
icheldünen oder

6
Diese Hü
dann haben d
lich aus einer Richtung
Mondsichel haben. Dies
kommt vor, dass die W
Wande

5
kommt ein Puppentheat
Schule. Eintrittsgeld von
Cent mitbringen!

7
r gesund Lebensweise
viel Bewegung. Lieber mal d
mtollen, als ständig vor dem
r oder mputer sitzen!

4
ite.
wir schon Süßes essen
vergessen, die Zähne
als Tag

3
kann fruchtbares Land zur das Ab-
auchs nennt man Verwüstung.
en führen. So entstand etwa die
r Wüste gibt es Gebiete mit
e Oasen haben Brunnen

9
iß ist. Das nur zur Ha
biete sind sehr kalt. Daher tragen
bedeckungen. In der Nacht wärmen
Hitze. Sie halten Sand und Staub

11
er in der Wüste i
glauben, dass es ab und die Wüst
enn nachts kühlt es ab und die Wüst
Wüstenbewohner lange Kleider und k
e Kleider. Am Tag schützen si

1
Ung ein Fünftel all
große Gebiete ohne San
holzen von Bäumen un
Wüste werden. Das
ch Klimaverä
Wü

10
nsch
urten Zugvög
erbst verlassen
armen Afrika. Im
aben herausgefu
rwechseln

1	2	3	4	5	6	7	8	9	10	11
DI	ES	EW	EL	FL	ÜS	UZ	TE	LE	AN	BT

Schreibe die markierten Kennbuchstaben der Reihe nach auf.

____

b Finde heraus, wohin die anderen Textschnipsel gehören.
Vergleiche sie mit den folgenden Texten und kennzeichne die Zahlen neben den Schnipseln mit der entsprechenden Farbe.

Gruppenergebnis:
Die Rauchschwalbe und ihre Artgenossen sind wie viele andere Vogelarten Zugvögel. Im Herbst verlassen sie unsere Heimat und verbringen den Winter im warmen Afrika. Im Frühling kommen sie wieder. Wir haben herausgefunden: Der Mauersegler sieht einer Schwalbe zum Verwechseln ähnlich. Er gehört aber zu einer anderen Vogelfamilie.

Bis zum Freitag das Kopiergeld mitbringen.
Die Sprechzeit von Frau Reber hat sich geändert.
Elternsprechstunde ist am Montag um 13.00 Uhr oder nach Vereinbarung.
Im März kommt ein Puppentheater in die Schule. Eintrittsgeld von 2 € 50 Cent mitbringen!

Süßigkeiten sind schlecht für die Zähne. Wenn wir schon Süßes essen, sollten wir nicht vergessen, die Zähne zu putzen. Mehrmals am Tag sollten wir frisches Obst essen.
Zu einer gesunden Lebensweise gehört auch viel Bewegung. Lieber mal draußen herumtollen, als ständig vor dem Fernseher oder dem Computer sitzen!

7 Schnipseljagd erfolgreich beendet

Sortiere die Sätze in der richtigen Reihenfolge. Schreibe die Zahlen 1–7 links in die Kästchen. Die Buchstaben hinter den Sätzen verraten dir, welche Note Anna bekommen hat.

☐ Jetzt schreibt sie ihren Vortrag über die Wüste noch einmal ab. **h**

☐ Die anderen Kinder stellen viele Fragen zu ihrem Vortrag. **g**

☐ Endlich hat Anna alle Textschnipsel in der richtigen Reihenfolge sortiert. **s**

☐ Anna ist gut vorbereitet und kann viele Fragen beantworten. **u**

☐ Frau Reber ist sehr zufrieden mit Annas Arbeit. **t**

☐ Sorgfältig klebt sie alle Schnipsel auf ein leeres Blatt. **e**

☐ Am nächsten Morgen darf sie als Erste in der Klasse ihr Referat halten. **r**

1	2	3	4	5	6	7

Sommer, Sonne, Reisezeit – Das Auge schulen

Frau Meyer-Pollander, Frau Kürbenicker und Frau Wellner-Dammert sind drei rüstige ältere Damen, die für ihr Leben gern verreisen. Sie treffen sich im Café und erzählen begeistert von ihrem Urlaub. Im Café ist es etwas laut, sodass man nicht jedes Wort verstehen kann.

8 Drei Damen beim Kaffeeklatsch

a Lerne Frau Meyer-Pollander, Frau Kürbenicker und Frau Wellner-Dammert besser kennen, indem du die versteckten Buchstaben in den Bildern zu Wörtern verbindest.

Frau Meyer-Pollander …

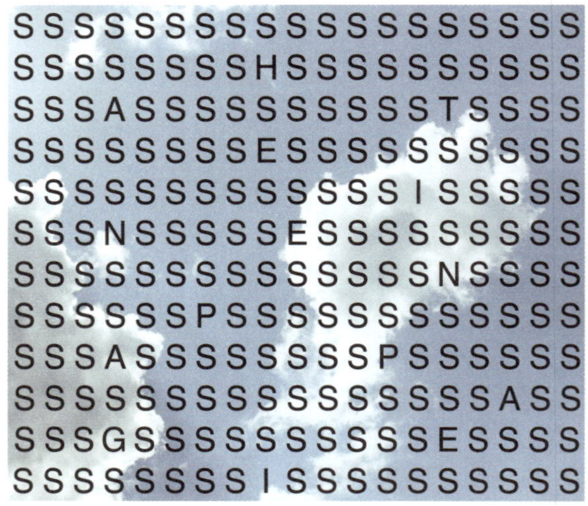

Frau Kürbenicker …

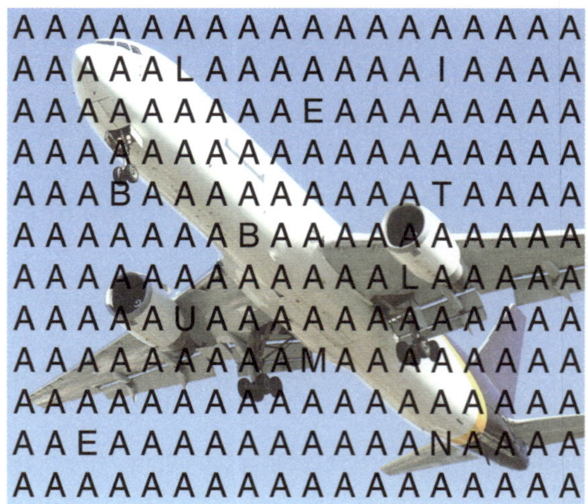

Frau Wellner-Dammert …

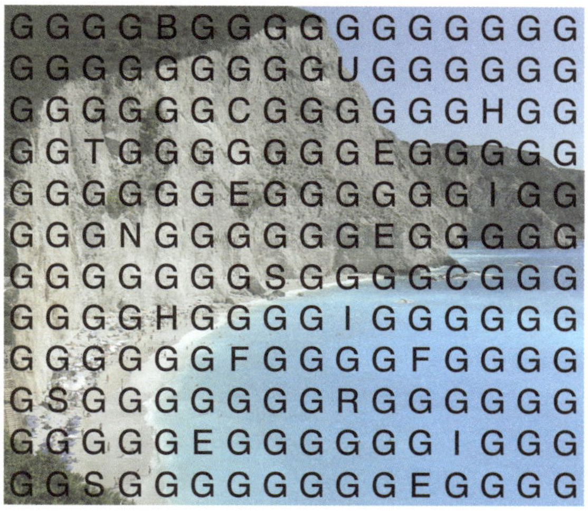

____

____

b Hier findest du noch mehr Informationen über die drei Freundinnen.
Markiere die Informationen farbig, die du schon aus den Bildern gewonnen hast.

Frau Kürbenicker
- liebt Blumen.
- mag die Farbe Blau überhaupt nicht.
- machte eine Flugreise.
- ist seit einem Jahr Witwe.

Frau Meyer-Pollander
- hat eine zehnjährige Enkelin.
- hat einen Papagei.
- wohnt in der zweiten Etage.
- verreiste mit dem Zug.

Frau Wellner-Dammert
- heißt mit Vornamen Marlies.
- buchte eine Schiffsreise.
- liest sehr viel.
- spricht fließend Spanisch.

9 Begrüßungen aus dem Lautsprecher

Lies die Texte durch und finde heraus, welche der drei Damen von Aufgabe 8 diesen Urlaubsbeginn erlebt hat. Kreise den jeweiligen Namen ein.

a Sehr geehrte Reisende! Mein Name ist Tom Buttrow und ich bin ab Düsseldorf Ihr neuer Zugbegleiter. Meine Crew und ich sorgen dafür, dass Sie den Aufenthalt im Intercity Beethoven zu Ihrer vollsten Zufriedenheit genießen können. Getränke und kleine Snacks gibt es in unserer rollenden Bar. Lassen Sie sich auch in unserem Bordrestaurant verwöhnen, das sich in der Zugmitte befindet. Ich wünsche Ihnen eine angenehme Fahrt.

Frau

W	E	L	L	**N**	E	R	-	D	A	**M**	M	E	R	T
K	Ü	**R**	B	**E**	**N**	I	C	K	E	R				
M	E	Y	**E**	R	-	P	O	L	L	A	N	D	E	R

b Sehr geehrte Passagiere, hier spricht Ihr Kapitän. Ich heiße Sie herzlich auf unserem Kreuzfahrtschiff willkommen. Ich befinde mich gerade auf der Kommandobrücke und überwache die sichere Ausfahrt aus unserem Heimathafen. In wenigen Minuten beginnt Ihr mehrwöchiger Traumurlaub auf unserem Schiff. Ich freue mich schon darauf, Sie heute Abend beim Kapitänsempfang persönlich kennenzulernen.

Frau

M	E	Y	E	**R**	-	P	**O**	L	L	A	N	D	E	R
W	E	**L**	L	N	E	R	-	D	**A**	M	M	E	R	T
K	Ü	R	B	E	N	I	**C**	**K**	E	R				

c Meine verehrten Damen und Herren! Hier spricht Ihr Kapitän. Wir befinden uns derzeit über Zürich und nehmen dann Kurs Richtung Süden. Im Moment erreichen wir eine Flughöhe von 11 000 m und eine Reisegeschwindigkeit von 900 km pro Stunde. Bei wolkenlosem Himmel und guter Fernsicht wünsche ich Ihnen eine angenehme Reise.

Frau

W	E	L	L	N	E	R	-	D	A	**M**	**M**	E	R	T
K	Ü	R	B	E	**N**	**I**	C	K	**E**	R				
M	E	Y	**E**	R	-	P	O	**L**	L	A	N	D	E	R

Schreibe die farbig hinterlegten Buchstaben aus den richtigen Namen nacheinander in den Lösungskasten. Du erfährst dann, wie die Enkelin von Frau Meyer-Pollander heißt.

Die Enkelin heißt

.

10 Das kann nicht sein!

Nun kennst du die drei Damen schon ganz gut, da du die Informationen aus den Aufgaben 8 und 9 richtig verarbeitet hast. Deshalb werden dir in den folgenden Texten je drei Dinge auffallen, die nicht stimmen. Markiere die falschen Informationen mit Farbe und stelle sie anschließend richtig.

Auf dem Schiff gibt es viel zu sehen. Frau Wellner-Dammert hat sich vorgenommen, den Luxusliner in den nächsten Tagen zu erkunden. Doch zunächst ist der Kapitänsempfang. Eine Empfangsdame flüstert dem Kapitän die Namen der Passagiere zu.
Als Frau Wellner-Dammert an der Reihe ist, dem Kapitän die Hand zu schütteln, flüstert die Empfangsdame: „Frau Waltraud Wellner-Dammert“. Der Kapitän freut sich und sagt: „Ich habe gehört, Sie sprechen fließend Französisch. Das finde ich wunderbar!“
Der Tag war anstrengend und aufregend, und so zieht sich Frau Wellner-Dammert in ihre Luxuskabine zurück. Da sie nicht gerne liest, lässt sie sich müde in einen bequemen Sessel fallen und sieht sich ein Video an.

Frau Kürbenicker hat sich einen frischen Saft von der Stewardess bringen lassen.
Sie muss an ihren geliebten Gatten denken, obwohl sie schon seit vielen Jahren Witwe ist.
Mit ihrem Mann wäre die Reise noch viel schöner gewesen.
Sie selbst mag zwar Blumen nicht so sehr, aber sie stellt ihrem verstorbenen Gatten jede Woche welche auf das Grab.
Der blaue Himmel, den Frau Kürbenicker durch die Luke sieht, begeistert sie über alle Maßen.
Sie mag die Farbe Blau überhaupt sehr gerne.
Weil sie sich so wohlfühlt, macht sie ein Nickerchen hoch über den Wolken.

In etwa einer halben Stunde möchte Frau Meyer-Pollander im Bordrestaurant etwas zu sich nehmen. Eben noch führte sie ein Handygespräch mit ihrer zwölfjährigen Enkelin und nun genießt sie den Blick auf die vorbeiziehende Landschaft. Da sie sich im Intercity einen Fensterplatz reservieren ließ, hat sie einen wunderschönen Blick auf den Rhein und die Weinberge. Während des Urlaubs wird ihre Katze von einer Nachbarin betreut. Die Nachbarin von Frau Meyer-Pollander lebt ebenso wie sie in der vierten Etage ihrer Wohnanlage.

11 Durch Textsurfen noch mehr Informationen gewinnen

Was sich die drei rüstigen älteren Damen im Café noch erzählen, kannst du dir als Information aus der folgenden Tabelle holen.

Lies die bisherigen Texte in diesem Kapitel noch einmal genau durch.
Markiere in der Tabelle alle Begriffe

- mit **blauer** Farbe, die zu Frau Meyer-Pollander passen,
- mit **roter** Farbe, die zu Frau Kürbenicker passen,
- mit **grüner** Farbe, die zu Frau Wellner-Dammert passen.

Marlies	P	Witwe	M	Papagei	M	Heimathafen	Y
Beethoven	Ü	Luxuskabine	R	Stewardess	A	11 000 m	L
Wohnanlage	N	Melanie	C	Zürich	L	liest sehr viel	A
Sessel	M	Spanisch	I	Blumen	O	Nachbarin	H
Fensterplatz	E	Video	D	Gatte	R	Wolken	C
Flughöhe	A	aufregend	E	zehnjährig	N	mehrwöchig	N

Trage alle **blauen** Kennbuchstaben nacheinander in den Lösungskasten ein.
Dann erfährst du, wohin Frau Meyer-Pollander verreiste:

Die **roten** Kennbuchstaben verraten dir das Reiseziel von Frau Kürbenicker:

Die **grünen** Kennbuchstaben nennen dir eine Sehenswürdigkeit, die Frau Wellner-Dammert sehr begeisterte:

Knobelaufgaben

12 Was essen wir heute?

Anna, Leon und vier Freunde haben eine Abmachung getroffen: Immer, wenn einige von ihnen gemeinsam in der Schule Mittag essen, wird für alle das gleiche Gericht bestellt. Da ihre Lieblingsgerichte sehr unterschiedlich sind, muss sich jeweils ein Freund nach dem anderen richten. Anna zum Beispiel isst gerne Suppen, aber mit Leon essen sie beide gemeinsam Braten. Elias und Petra entscheiden sich immer für Fisch, wenn aber Alexander mitisst, bestellen die drei Salat. Leon isst zusammen mit Petra Spaghetti, obwohl er eigentlich lieber etwas anderes essen würde. Mattis, der am liebsten Eierspeise isst, richtet sich immer nach Anna.

Was wird bestellt, wenn alle sechs Freunde zusammen essen?

____

13 Gestatten, mein Name ist ...

Sieh dir die Visitenkarten dieser Personen genau an.
Durch Umstellen der Buchstaben kannst du ihren Beruf herausfinden.

Beispiel: HERR FLÜKO arbeitet als LOKFÜHRER

EMMA RILER STEIN

KARL REIHERVEL

______________________ ______________________

Angebote über Angebote – Informationen erfassen

Das Einkaufszentrum ist wie eine kleine Stadt. Geschäfte, Cafés, Reisebüros, eine Sparkasse, zwei Kinderspielplätze und vieles mehr machen den Aufenthalt zum Erlebnis. Leon und seine Schwester Heike schlendern mit ihrer Oma am Nachmittag an den Geschäften vorbei und sehen sich die zahllosen Angebote an.

Weil Heike und Leon gute Zeugnisse mit nach Hause gebracht haben, dürfen sie sich zur Belohnung ein Geschenk aussuchen. Heike wünscht sich etwas für ihre Kuscheltiersammlung. Einen lustigen kleinen Bären mit Trommel, ein Tiger-Schlampermäppchen und eine Tiger-Geldbörse hat sie bereits. Nun hätte sie noch gern einen Kuschel-Bär, ein Kuschel-Pferd oder einen Kuschel-Tiger.
Leon würde sich riesig freuen, wenn er für seine Fußballer-Figurensammlung Manuel Neuer bekommen könnte. In seiner Technikkiste fehlt ihm außerdem noch ein Mega-Kran mit Kabelsteuerung.

„Ja, ja!", lacht Oma. „Ihr habt immer Wünsche. Doch versprochen ist versprochen! Aber mehr als 15 € für jedes Geschenk kann ich nicht ausgeben."

Noch ist es Winter. Draußen liegt Schnee, aber im Einkaufszentrum ist es wohlig warm. Überall stehen riesige Pflanzen vor den Geschäften. Auf einem großen Platz spritzt ein Springbrunnen hohe Wasserfontänen. Aus Lautsprechern tönt flotte Musik. Man könnte meinen, dass man sich im Sommerurlaub befindet.
Oma läuft mit den beiden Kindern gerade an einem Reisebüro vorbei. Auf ihrem weiteren Bummel sehen sie eine Sparkasse, eine Buchhandlung, ein Bekleidungs-

geschäft, eine Metzgerei, ein Café, ein großes Fachgeschäft für Fernseh- und Videogeräte, ein Schreibwarengeschäft, eine Bäckerei, einen Handy-Shop und einen Döner-Stand. Auf der gegenüberliegenden Seite befinden sich ein Schuhgeschäft, ein Lampengeschäft, ein Spielzeugladen, ein Schmuckgeschäft, eine Teestube, eine Apotheke und eine Pizzeria.

Stundenlang könnten die Kinder durch das Einkaufszentrum spazieren, ohne dass ihnen langweilig wird. Angebote über Angebote springen ihnen in die Augen.
Oma aber ist schon etwas müde und schlägt den Kindern vor: „Setzen wir uns doch in das schöne Café! Ich nehme eine Tasse Kaffee und ein Stück Kuchen und ihr dürft euch einen Pinocchio-Becher bestellen.“ Damit sind Heike und Leon sofort einverstanden, schließlich haben sie ihre Geschenke inzwischen ausgesucht. Sie finden einen freien Tisch und nehmen Platz. Es macht Spaß, die Leute zu beobachten.
Ein Herr in einem dunkelblauen Mantel stolziert vorbei und trägt eine Einkaufstüte mit der Aufschrift „Lesen macht stark“. Das kleine Einkaufspäckchen einer vornehmen Dame trägt die Aufschrift „Juwelen Mayr“. Zwei Jugendliche kommen vorbei und lassen sich eine türkische Spezialität schmecken. Eine Mutter zieht ihre kleine Tochter hinter sich her, die an einer Breze knabbert.
„So, Ihr Kaffee mit Kuchen und zweimal Pinocchio für die kleinen Herrschaften!“
„Danke!“, sagen Oma und die beiden Kinder. Leon und Heike lassen sich den Pinocchio-Becher schmecken. Während Oma noch ihren Kuchen genießt, packen die beiden Kinder ihre Geschenke aus. Sie können einfach nicht mehr damit warten, bis sie zu Hause sind.

14 Ein Einkaufsbummel macht Spaß

Lies die Geschichte „Angebote über Angebote“ und kreuze an, was im Text steht.
Schreibe die Kennbuchstaben der Reihe nach in den Lösungskasten.

a Heike und Leon dürfen sich ein Geschenk aussuchen, weil …

- sie Geburtstag haben. ☐ EI
- ihre Zeugnisse gut waren. ☐ GE
- es bald Weihnachten ist. ☐ AN

b Im Café …

- bestellt Oma ein Glas Tee und Kuchen. ☐ NK
- essen die Kinder einen Pinocchio-Becher. ☐ SC
- bringt der Ober allen einen Vanillekrapfen. ☐ GE

c Oma möchte …

- für ein Geschenk nicht mehr als 20 € ausgeben. ☐ BO
- für beide Geschenke etwa 15 € ausgeben. ☐ HÄ
- für jedes Geschenk nicht mehr als 15 € ausgeben. ☐ HE

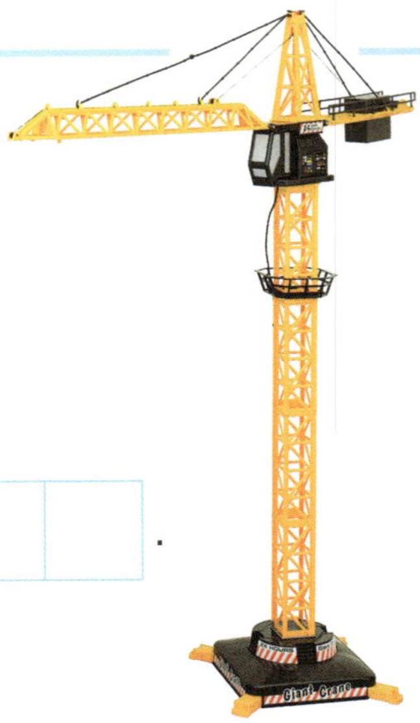

d Was stimmt nun?

Heike hat schon einen Tiger-Rucksack. ☐ FT

Leon sammelt Fußballerfiguren. ☐ NK

Leon hat einen Mega-Kran mit Kabelsteuerung. ☐ TE

Die Kinder freuen sich über ihr ☐☐☐☐☐☐☐☐ .

15 Ein Geschäft neben dem anderen

Lies den Text „Angebote über Angebote“ genau.
Wie ist die Reihenfolge der Geschäfte? Fülle die Lücken richtig aus.

Schreibwarengeschäft		Handy-Shop
Lampengeschäft		Schmuckgeschäft
	Apotheke	Pizzeria
Sparkasse		Bekleidungsgeschäft
Bäckerei	Handy-Shop	
	Lampengeschäft	Spielzeugladen

16 Das gibt es doch nicht!

Leon macht einen Bummel durch das Einkaufszentrum. Er läuft mal in die eine, mal in die andere Richtung. Dabei kommt er mehrmals an den Geschäften vorbei. Ein Geschäft hat sich hier immer dazwischengemogelt. Streiche es durch.

a Sparkasse, Buchhandlung, Spielzeugladen, Bekleidungsgeschäft, Metzgerei, Café

b Lampengeschäft, Spielzeugladen, Schmuckgeschäft, Teestube, Bäckerei, Apotheke

c Pizzeria, Apotheke, Teestube, Schmuckgeschäft, Spielzeugladen, Reisebüro, Lampengeschäft

d Döner-Stand, Handy-Shop, Blumengeschäft, Bäckerei, Schreibwarengeschäft, Fernseh- und Videogeräte, Café

17 Wer kauft wo ein?

Finde im Text „Angebote über Angebote“ heraus, wo die folgenden Leute eingekauft haben. Kreuze richtig an.

Der Herr im dunkelblauen Mantel:

- ☐ im Schuhgeschäft
- ☐ in der Buchhandlung
- ☐ in der Apotheke

Die vornehme Dame:

- ☐ in der Bäckerei
- ☐ im Lampengeschäft
- ☐ im Schmuckgeschäft

Die zwei Jugendlichen:

- ☐ am Döner-Stand
- ☐ im Handy-Shop
- ☐ im Spielzeugladen

Die Mutter mit ihrer kleinen Tochter:

- ☐ im Reisebüro
- ☐ in der Bäckerei
- ☐ in der Teestube

18 Ein drittes Geschenk

Am Abend führt Leon nacheinander zwei Telefonate mit seinen Freunden.

Seinem Freund Lukas erzählt er:

Der Einkaufsbummel mit Oma war super. Wir hätten es noch viel länger im Einkaufszentrum ausgehalten. Es gab dort sehr viel zu sehen, sodass es uns überhaupt nicht langweilig wurde. Heike erzählte die ganze Zeit von ihrer Kuschelwuschel-Sammlung. Endlich kamen wir zum Spielzeuggeschäft. Was es dort alles zu kaufen gab! Schade, dass wir nur einen Wunsch frei hatten. Zuerst liefen wir durch die ganze Spielwarenabteilung und sahen uns alles an. Endlich standen wir vor den Actionfiguren. Es gab alle bekannten Fußballspieler. Manuel Neuer war natürlich auch dabei. Heike fand in der oberen Etage des Spielzeuggeschäftes die Kuscheltiere und entdeckte auch gleich einen schönen Tiger. Wir durften unsere Geschenke auswählen und Oma bezahlte dann an der Kasse. Wir waren erstaunt: Nicht nur wir beide, sondern auch Oma bekam von der freundlichen Verkäuferin ein hübsch verpacktes Geschenk.

Seinem Freund Stefan erzählt er:

Unser Einkaufsbummel mit Oma war klasse. Wir hätten es noch viel länger im Einkaufszentrum ausgehalten. Es gab dort sehr viel zu sehen, sodass es uns überhaupt nicht langweilig war. Heike redete die ganze Zeit von ihrer Kuschelwuschel-Sammlung. Später kamen wir zum Spielzeuggeschäft. Was es hier alles zu kaufen gab! Schade, dass wir nur einen Wunsch frei hatten. Zuerst liefen wir durch die ganze Spielwarenabteilung und sahen uns alles an. Endlich standen wir vor den Actionfiguren. Es gab alle bekannten Ballkünstler. Manuel Neuer war natürlich auch dabei. Heike fand in der oberen Etage des Spielzeuggeschäftes die Kuscheltiere und entdeckte auch gleich einen schönen Tiger. Wir durften unsere Geschenke auswählen und Oma bezahlte sofort an der Kasse. Wir waren überrascht: Nicht nur wir beide, sondern auch Omi bekam von der freundlichen Verkäuferin ein hübsch eingepacktes Geschenk.

a Markiere im Telefonat mit Stefan alle Wörter, die anders sind als im Gespräch mit Lukas.

b Trage die markierten Wörter in Großbuchstaben untereinander in die Kästen ein.

Übertrage die gelb hinterlegten Buchstaben der Reihe nach in den Lösungskasten. Dann erfährst du, welches Geschenk Oma von der Verkäuferin noch bekommen hat.

Das dritte Geschenk war ein …

STARK

Hüte dich vor dem Fuchs! – Literarische Texte lesen

Der Fuchs und die Gänse

Der Fuchs kam einmal auf eine Wiese, wo eine Herde schöner fetter Gänse saß. Da lachte er und sprach: „Ich komme ja wie gerufen. Ihr sitzt hübsch beisammen, so kann ich eine nach der anderen auffressen."

Die Gänse gackerten vor Schrecken, sprangen auf, fingen an zu jammern und kläglich um ihr Leben zu bitten.

Der Fuchs aber wollte auf nichts hören und sprach: „Da ist keine Gnade, ihr müsst sterben!" Endlich nahm sich eine das Herz und sagte: „Sollen wir armen Gänse doch einmal unser jung frisch Leben lassen, so erzeige uns die einzige Gnade und erlaub uns noch ein Gebet, damit wir nicht in unseren Sünden sterben. Hernach wollen wir uns auch in eine Reihe stellen, damit du dir immer die Fetteste aussuchen kannst."

„Ja!", sagte der Fuchs. „Das ist billig und eine fromme Bitte. Betet, ich will solange warten."

Also fing die Erste ein recht langes Gebet an, immer „ga! ga!", und weil sie gar nicht aufhören wollte, wartete die Zweite nicht, bis die Reihe an sie kam, sondern fing auch an mit „ga! ga!" Die Dritte und Vierte folgten ihr, und bald gackerten sie alle zusammen. Und wenn sie ausgebetet haben, soll das Märchen weitererzählt werden. Sie beten aber alleweile immer noch fort.

Jacob und Wilhelm Grimm

Der Fuchs und der Ziegenbock

Ein Fuchs fiel in einen tiefen Brunnen und wusste nicht, wie er wieder hinauskommen sollte. Da kam ein durstiger Ziegenbock zum Brunnen, sah den Fuchs und fragte ihn, ob das Wasser gut sei. Der aber verhehlte sein Missgeschick und sagte: „Oh, das Wasser ist ausgezeichnet, klar und wohlschmeckend, komm nur auch herunter!"

Da sprang der Bock, ohne sich zu besinnen, hinab. Als er seinen Durst gelöscht hatte, fragte er den Fuchs: „Wie wollen wir aber wieder hinauskommen?" „Oh, das werde ich schon machen. Stelle dich auf deine Hinterbeine, stemme deine Vorderbeine gegen die Wand und mache deinen Hals lang. Dann werde ich über deinen Rücken und deine Hörner an den Rand des Brunnens klettern und auch dir heraushelfen."

Der Bock tat, wie ihm befohlen war, streckte sich aus und der Fuchs kletterte auf seine Hörner und sprang von dort mit einem gewaltigen Satz auf den Brunnenrand. Dort blieb er, tanzte vor Freude und verhöhnte den Bock. Der aber machte ihm Vorwürfe, dass er den Vertrag nicht eingehalten hätte.
Da sagte der Fuchs: „Oh Bock, wenn du so viele Gedanken im Kopfe hättest wie Haare im Bart, so wärst du nicht hinuntergestiegen, ohne vorher zu untersuchen, wie du wieder herauskönntest."

griechischer Dichter Aesop (vor etwa 2 500 Jahren)

19 Der Fuchs ist überall

Lies beide Texte (Märchen und Fabel) genau durch und entscheide, wo der Fuchs sein Unwesen treibt. Kreuze den Fuchs im Märchen mit **blauer** Farbe und den Fuchs in der Fabel mit **roter** Farbe an.

	Märchen	Fabel
… auf einer Wiese	☐ ESW	☐ D
… in einen tiefen Brunnen	☐ IST	☐ H
… über deinen Rücken	☐ IR	☐ A
… in eine Reihe stellen	☐ ARE	☐ U
… wie Haare im Bart	☐ NUM	☐ UP
… da ist keine Gnade	☐ INM	☐ D
… mit einem gewaltigen Satz	☐ MAH	☐ TR
… ein recht langes Gebet	☐ AL	☐ A
… das Wasser ist ausgezeichnet	☐ VO	☐ O
… an den Rand des Brunnens	☐ RL	☐ L
… wie ihm befohlen war	☐ SCH	☐ LE

Schreibe deine **blau** markierten Buchstaben der Reihe nach in den Lösungskasten.
So beginnen viele Märchen:

										…

Schreibe deine **rot** markierten Buchstaben der Reihe nach in den Lösungskasten.
Sehr oft spielt der Fuchs in der Fabel die

										.

20 Was für ein Durcheinander!

Anna weiß auch, dass man sich vor dem Fuchs hüten muss.
Daher schaut sie genau, wo der Fuchs auftauchen könnte.
Trenne die Reißverschluss-Sätze, indem du das erste, dritte usw. Wort mit **blauer** Farbe, das zweite, vierte usw. Wort mit **roter** Farbe einkreist.

Entscheide, von welcher Geschichte die Sätze erzählen, und kreuze jeweils einmal in roter und einmal in blauer Farbe an:
a = Der Fuchs im Märchen „Der Fuchs und die Gänse"
b = Der Fuchs in der Fabel „Der Fuchs und der Ziegenbock"
c = Der Satz gehört zu anderen Märchen oder zu anderen Fabeln.

a DIE DER GÄNSE FUCHS FINGEN LOCKTE AN DEN ZU ZIEGENBOCK GACKERN MIT UND EINER FLEHTEN LÜGE UM IN IHR DEN LEBEN BRUNNEN.

☐ a ☐ b ☐ c

b DER DIE GUTGLÄUBIGE GOLDENE ZIEGENBOCK KUGEL WARTETE WAR VERGEBLICH DER AUF KÖNIGSTOCHTER DIE IN HILFE DEN DES BRUNNEN FUCHSES GEFALLEN.

☐ a ☐ b ☐ c

c AM MIT ENDE SEINEM WOLLTEN ROTEN ALLE MÜTZCHEN GÄNSE GING EIN DAS NICHT MÄDCHEN MEHR ALLEINE ENDENDES DURCH GEBET DEN SPRECHEN WALD.

☐ a ☐ b ☐ c

d DIE DER ZAUBERIN LISTIGE SPERRTE FUCHS DAS LEGTE KIND DEN MIT DURSTIGEN DEN ZIEGENBOCK SCHÖNEN HEREIN HAAREN UND IN VERHÖHNTE EINEN IHN TURM.

☐ a ☐ b ☐ c

Mozart, Smetana & Co. – Sachtexte lesen

Musikliebhaber auf der ganzen Welt erfreuen sich an den musikalischen Werken berühmter Komponisten. Vier dieser herausragenden Künstler stellen sich und ihr bekanntestes Werk vor:

Guten Tag! Ich, Wolfgang Amadeus Mozart, wurde im Jahre 1756 in der österreichischen Stadt Salzburg geboren. Mit vier Jahren lernte ich das Klavierspielen und mit fünf Jahren komponierte ich bereits kleine Stücke. Leopold Mozart, mein Vater, brachte mir das alles bei. Damals nannte man mich ein musikalisches Wunderkind und ich durfte in Wien sogar vor dem Kaiser spielen. 17-mal unternahm ich Tourneen durch Deutschland, Frankreich, Belgien, England, die Niederlande und Italien. Die meisten Leute kennen meine „Kleine Nachtmusik". Doch neben Klavierstücken und Streichquartetten habe ich auch Opern geschrieben. Eine meiner bekanntesten Opern ist die „Zauberflöte". Darin geht es um den jungen Prinzen Tamino, der die Königstochter Pamina aus einer Burg befreit. Dabei kommt ihm seine Zauberflöte, die sogar wilde Tiere zähmt, zu Hilfe. Meine „Zauberflöte" wurde im Jahre 1791 uraufgeführt. Die Oper war ein Riesenerfolg. Ich war aber zu der Zeit schon sehr krank und starb noch im Jahr der Uraufführung in Wien. Auf Wiedersehen!

Buon giorno! Ich bin Antonio Vivaldi. Im Jahre 1678 erblickte ich in der italienischen Lagunenstadt Venedig das Licht der Welt. Meinen Spitznamen hatte ich schnell weg: Man nannte mich „il prete rosso". Das bedeutet „der rote Priester". Warum? Ich hatte rote Haare und feierte im Jahre 1703 meine Priesterweihe. Meine Hauptbeschäftigung als Musiker hatte ich als Geigenlehrer und als Orchesterleiter in einem Waisenhaus in Venedig. Im Jahre 1718 ging ich auf Europatournee. Ich bereiste dabei Städte in Norditalien und kam nach Amsterdam, Prag und Wien. Die Reisen waren anstrengend, aber auch sehr erfolgreich. Mein Violinkonzert „Die vier Jahreszeiten" ging wohl als bekanntestes meiner Werke in die Musikgeschichte ein. Darin beschreibe ich musikalisch den Frühling, den Sommer, den Herbst und den Winter. Meine „Vier Jahreszeiten" waren so erfolgreich, dass ich mir in Amsterdam einen Verleger suchte, der meine Noten schneller drucken konnte als die Venezianer. Zur letzten Ruhe gebettet wurde ich im Jahre 1741 in Wien. Arrivederci!

Dobrý den! Mein Name ist Bedřich Smetana. Im Jahre 1824 wurde ich in der tschechischen Stadt Litomyšl geboren. Ich habe viele musikalische Werke verfasst. Mein bekanntestes Werk stammt aus dem Zyklus „Mein Vaterland“. Dieser Zyklus ist ein Werk mit sechs Teilen. Einer davon ist die „Moldau“. Diesen Fluss beschreibe ich in meinem Werk musikalisch von seinen zwei Quellen bis zur Mündung in den großen Fluss Elbe. Die Moldau fließt durch die Stadt Prag und mündet bei der Stadt Melnik in die Elbe. Diese Reise der Moldau stelle ich in verschiedenen Bildern musikalisch dar. So gibt es eine Jagd im Wald, eine Bauernhochzeit, reißende Stromschnellen und anderes mehr.
Mich ereilte ein trauriges Schicksal. Als ich mit dem Komponieren der „Moldau“ begann, hatte ich mein Gehör schon fast vollständig verloren. Meine letzte Ruhestätte fand ich in Prag, wo ich 1884 starb. Na shledanou!

Bonjour! Mein Name ist Camille Saint-Saëns. Geboren bin ich im Jahre 1835 in der französischen Hauptstadt Paris, gestorben bin ich im Jahre 1921 in Nordafrika. Ich möchte nicht angeben, aber bereits im Alter von drei Jahren konnte ich Noten lesen. Zunächst erlernte ich das Klavierspielen und gab Konzerte in Paris. Meine besondere Vorliebe galt immer schon den Tieren. Ich kam deshalb auf die Idee, die Tiere musikalisch darzustellen. Mein Werk nannte ich den „Karneval der Tiere“. Darin kommen unter anderem ein Löwe, Vögel, wilde Esel, Schildkröten, Fische im Aquarium, ein Elefant und ein Schwan vor. Den „Karneval der Tiere“ komponierte ich Anfang 1886 als musikalischen Scherz. Er wurde auf einem Karnevalskonzert in Paris uraufgeführt. Niemand hätte geglaubt, dass dieses Werk mein berühmtestes werden sollte. Au revoir!

21 Werk und Leben der berühmten Komponisten
Lies den Text „Mozart, Smetana & Co.“ genau durch und ergänze die fehlenden Angaben in der Tabelle.

a

Name	Vorname	Nationalität
Saint-Saëns		
	Bedřich	
	Wolfgang Amadeus	
		italienisch

b

Geburtsstadt	Begrüßung	Lebenszeit	Geburtsland
Venedig			
	Bonjour!		
		1756–1791	
			Tschechien

c

Verabschiedung	Gestorben in …	Werk
		Mein Vaterland
Auf Wiedersehen!		
	Nordafrika	

22 **Europäische Komponisten**

Trage in die Länder der Europakarte den Namen, die Lebenszeit und ein Werk des entsprechenden Komponisten ein:

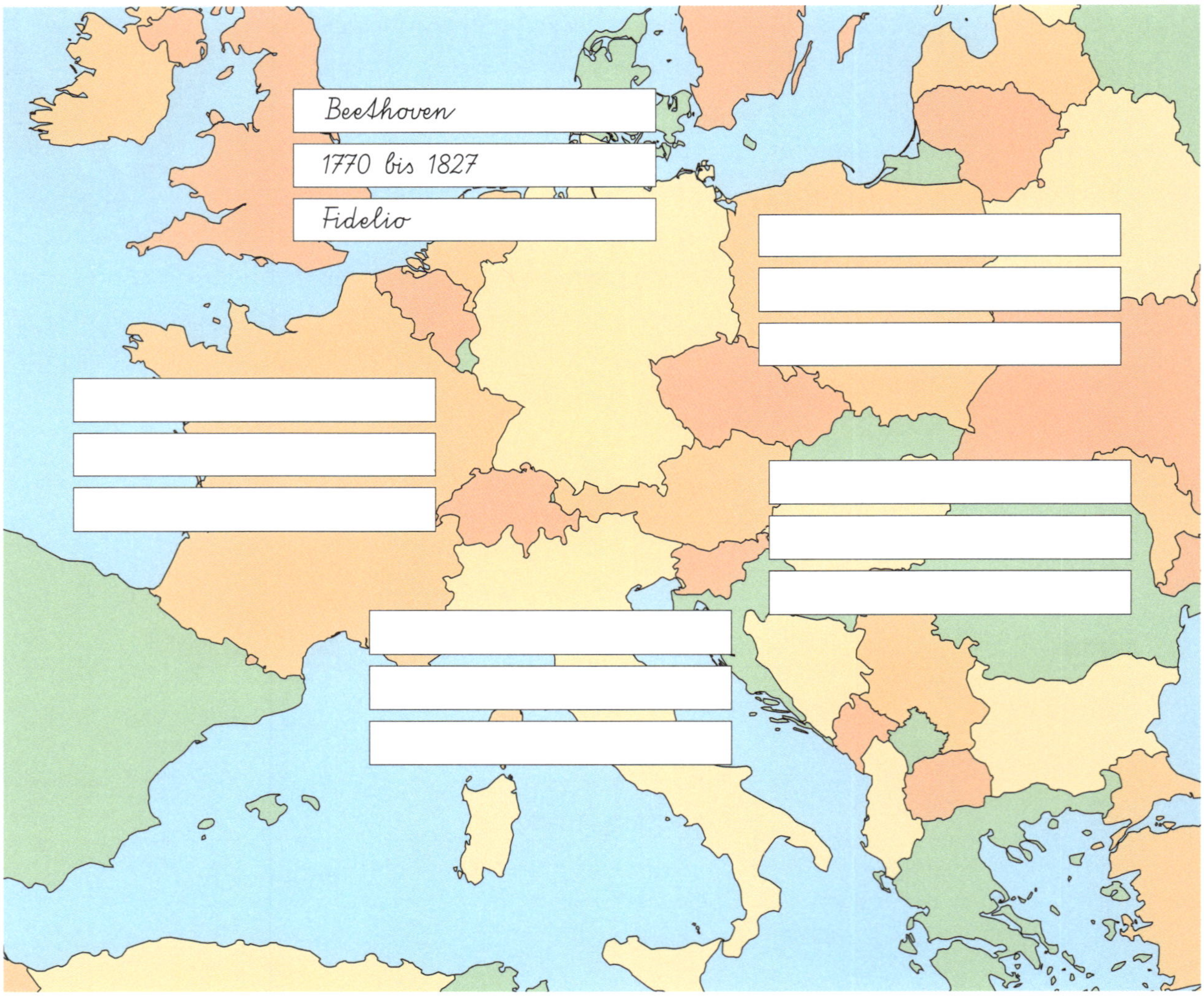

23 Du kennst nun Mozart, Smetana & Co.

In den folgenden Texten haben sich schwere Fehler eingeschlichen. Markiere die falschen Wörter und schreibe sie in Großbuchstaben untereinander in die Kästen.

Mein Name ist Wolfram Smetana. Im Jahre 1824 wurde ich in der tschechischen Lagune Litomyšl geboren. Ich habe viele musikalische Werke verfasst. Mein bekanntestes Werk stammt aus dem Zyklus „Mein Vaterland". Dieser Zyklus ist ein Werk mit drei Teilen. Einer davon ist die „Wolga". Diesen Fluss beschreibe ich in meinem Werk musikalisch von seinen zwei Quellen bis zur Mündung in den großen Fluss Tiber. Die Moldau fließt durch die Stadt Prag und mündet bei der Stadt Melnik in die Elbe. Diese Reise der Moldau stelle ich in verschiedenen Bildern musikalisch dar. So gibt es eine Jagd im Wald, eine Bauernhochzeit, reißende Stromschnellen und anderes mehr.
Mich ereilte ein trauriges Schicksal. Als ich mit dem Komponieren der „Moldau" begann, hatte ich mein Gehör schon fast vollständig verloren. Meine letzte Ruhestätte fand ich in Venedig, wo ich 1884 starb.

Ich bin Antonio Vivaldi. Im Jahre 1678 erblickte ich in der italienischen Lagunenstadt Venedig das Licht der Welt. Meinen Spitznamen hatte ich schnell weg: Man nannte mich „il prete rosso". Das bedeutet „der rote Priester". Warum? Ich hatte rote Haare und feierte im Jahre 1703 meine Priesterweihe. Meine Hauptbeschäftigung als Musiker hatte ich als Vorsänger und als Orchesterleiter in einem Waisenhaus in Venedig.
Im Jahre 1718 ging ich auf Europatournee. Ich bereiste dabei Städte in Spanien und kam nach Amsterdam, Prag und Wien. Die Reisen waren anstrengend, aber auch sehr erfolgreich. Mein Flötenkonzert „Die vier Jahreszeiten" ging wohl als bekanntestes meiner Werke in die Musikgeschichte ein. Darin beschreibe ich musikalisch den Frühling, den Sommer, den Herbst und den Winter.
Meine „Vier Jahreszeiten" waren so erfolgreich, dass ich mir in Amsterdam einen Verleger suchte, der meine Noten schneller drucken konnte als die Venezianer.

Ich, Wolfgang Amadeus Mozart, wurde im Jahre 1756 in der österreichischen Stadt Innsbruck geboren. Mit vier Jahren lernte ich das Klavierspielen und mit fünf Jahren komponierte ich bereits kleine Stücke. Leopold Mozart, mein Bruder, brachte mir das alles bei. Damals nannte man mich ein musikalisches Wunderkind und ich durfte in Wien sogar vor dem Kaiser spielen. 17-mal unternahm ich Tourneen durch Deutschland, Frankreich, Belgien, England, die Niederlande und Italien.
Die meisten Leute kennen meine „Kleine Nachtmusik". Doch neben Klavierstücken und Streichquartetten habe ich auch Opern geschrieben. Eine meiner bekanntesten Opern ist die „Zauberflöte". Darin geht es um den jungen Prinzen Peppino, der die Königstochter Pamina aus einer Burg befreit. Dabei kommt ihm seine Zauberflöte, die sogar wilde Tiere zähmt, zu Hilfe.
Meine „Zauberflöte" wurde im Jahre 1791 uraufgeführt. Die Oper war ein Riesenerfolg. Ich war aber zu der Zeit schon sehr alt und starb noch im Jahr der Uraufführung in Wien.

Mein Name ist Camille Saint-Saëns. Geboren bin ich im Jahre 1835 in der französischen Hauptstadt Paris, gestorben bin ich im Jahre 1921 in Holland. Ich möchte nicht angeben, aber bereits im Alter von drei Jahren konnte ich Noten lesen. Zunächst erlernte ich das Klavierspielen und gab Konzerte in Paris. Meine besondere Vorliebe galt immer schon den Opern. Ich kam deshalb auf die Idee, die Tiere musikalisch darzustellen. Mein Werk nannte ich den „Karneval der Tiere". Darin kommen unter anderem ein Löwe, Vögel, wilde Esel, Schildkröten, Fische im Aquarium, ein Vampir und ein Schwan vor.
Den „Karneval der Tiere" komponierte ich Ende 1886 als musikalischen Scherz. Er wurde auf einem Karnevalskonzert in London uraufgeführt. Niemand hätte geglaubt, dass dieses Werk mein berühmtestes werden sollte.

Übertrage alle farbig hinterlegten Buchstaben in den Lösungskasten
Diesen bedeutenden Komponisten kennst du sicher auch:

Knobelaufgaben

24 Das verstreute Orchester

Von den vier Musikern eines Orchesters (Alfred, Balduin, Claus und Detlef) wohnt einer im Norden, einer im Süden, einer im Westen und einer im Osten der Stadt. Zwei der Musiker, Alfred und der im Norden Wohnende, spielen Geige. Zwei andere, Claus und der im Osten Wohnende, können keine Geige spielen. Detlef ist jünger als der im Norden wohnende Musiker. Claus ist älter als der im Westen wohnende Musiker. Wo wohnen die einzelnen Musiker und welche Musiker spielen Geige?

Alfred: ______________________

Balduin: ______________________

Claus: ______________________

Detlef: ______________________

25 Achtung, geheim!

Anna hat Leon in der Pause einen Zettel zugesteckt. Ganz geheimnisvoll hat sie dabei ausgesehen. Als Leon den Zettel später öffnet, traut er seinen Augen nicht. Anna hat scheinbar völlig durcheinander irgendwelche Buchstaben aufgeschrieben. Oder könnte dies eine Geheimschrift sein? Leon sieht sich die Sätze genauer an …
Kannst du ihm helfen, die Botschaft zu entschlüsseln?

Mjfcfs Mfpo!
Bn Gsfjubh hfif jdi nju nfjofs Ubouf Ebojfmb
bvg fjo Ljoefs-Lsjnjgftu.
Jdi gsfvf njdi tfis, xfoo ev njulpnnfo xjmmtu.
Ibtu ev Mvtu?
Efs Fjohbohtdpef mbvufu „Qsjwbuefufluju".
Bmmft Mjfcf
Efjof BooB

____

____

____

____

____

Ein buntes Programm für Kinder – Gebrauchstexte lesen

Anna, Leon, Nilay und Simon haben nun endlich das lang erwartete Ferienprogramm „Seeräuber“ bekommen, das die Gemeinde für die Kinder in diesem Sommer wieder anbietet. Das Programm ist sehr umfangreich und interessant.

Es gibt Kurse zum Basteln, Malen, Fotografieren und Theaterspielen, ebenso wie Workshops zum Musikmachen oder zum Herstellen einfacher Instrumente. Für Leseratten steht ein Vorlesewettbewerb auf dem Programm und für besonders Mutige eine Geisternacht in einer Schlossruine. Sportliche Kinder können Ponyreitkurse besuchen und angehende Regisseure haben die Möglichkeit, ein bekanntes Filmstudio zu besuchen und den Schauspielern bei der Arbeit zuzusehen. Es gibt sogar Schnorchelkurse, bei denen die Kinder mit erfahrenen Tauchlehrern in einem Waldsee die Unterwasserwelt kennenlernen können. Auf einer Burg können die Kinder für einen Tag Ritter spielen und auch an einem typischen Rittermahl teilnehmen. Und wer es gerne anstrengender haben möchte, kann sich zu einer mittelschweren Bergtour anmelden.

Wie bereits im vorigen Jahr heißt es: rechtzeitig anmelden, denn viele der Kurse sind sehr schnell ausgebucht. Der Renner war im vorigen Jahr die Geisternacht, gefolgt von den Ponyreitkursen auf dem zweiten Platz. In der Beliebtheit gleich dahinter kam der Vorlesewettbewerb und dann die Schnorchelkurse. Anschließend ging es weiter mit dem Filmstudio, den Fotokursen und den Ritterspielen. Die Schlusslichter bildeten das Herstellen einfacher Instrumente, die Bergtouren und das Malen. Aber auch diese Veranstaltungen waren sehr gut besucht.

Angebote gibt es für Mädchen und Jungen zwischen 6 und 14 Jahren. Die Preise für die einzelnen Veranstaltungen liegen pro Kind zwischen 4 € und 25 €, je nachdem, ob Eintrittsgelder oder Verpflegung anfallen.

26 Achtung – fertig – Ferienspaß

a Lies den Text „Ein buntes Programm für Kinder“ genau durch und kreuze jeweils die richtige Antwort an.

Für **Mutige** gibt es …

Bungee-Springen. ☐ FE

eine Geisternacht. ☐ AN

Steilwandklettern. ☐ AB

Für **Leseratten** gibt es …

eine Bücherausstellung. ☐ RI

einen Büchereibesuch. ☐ PR

einen Vorlesewettbewerb. ☐ ME

Für **Sportliche** gibt es …

Ponyreitkurse. ☐ LD

Wasserskifahren. ☐ OG

einen Skater-Wettbewerb. ☐ LT

Anstrengend sind …

die Bastelkurse. ☐ RA

die Theaterkurse. ☐ EN

die Bergtouren. ☐ UN

Schnorcheln findet statt …

in einem Hallenbad. ☐ M

in einem Waldsee. ☐ G

in einem Fluss. ☐ K

Schreibe die markierten Buchstaben der Reihe nach in den Lösungskasten.
Vergiss nicht: Das Wichtigste für die Teilnahme an einem Ferienangebot ist die

.

b Erstelle eine Rangliste der zehn begehrtesten Angebote beim Ferienprogramm „Seeräuber“. Lies dazu den Text „Ein buntes Programm für Kinder“ genau durch und trage die Plätze von 1 bis 10 richtig ein.

Die Top Ten des Ferienprogramms „Seeräuber“:

Platz	Angebot
	Bergtouren
	Ritterburg
	Fotografieren
	Malen
	Ponyreiten
	Instrumente
	Filmstudio
	Geisternacht
	Vorlesen
	Schnorcheln

27 Richtig gelesen ist halb gegeistert und gebastelt

Du siehst hier die Informationen zu verschiedenen Ferienangeboten.

Angebot: Geisternacht

Anmeldung: bis spätestens 25. Juli unter der Nummer 01234 718

Beschreibung: Zunächst gibt es zur Stärkung für alle Geister-Kids ein kleines Hexenabendessen. Wenn die Dämmerung einsetzt und es auf der Schlossruine Schreckenstein langsam unheimlich wird, dann beginnen wir mit unserer Geisternacht. Du kannst dich gruseln, wenn du allein oder mit einem Partner bestimmte Orte in der Ruine aufsuchen musst. Geistergeschichten und Geisterspiele begleiten dich so lange, bis du müde bist und einschläfst.

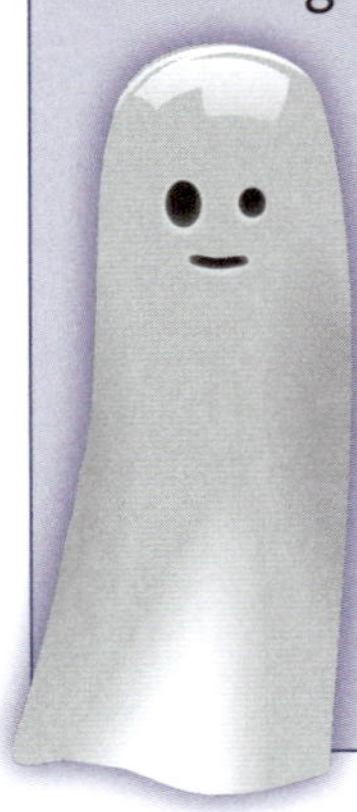

Mitbringen: Schlafsack, Isomatte, Trainingsanzug, Waschzeug
Ort / Zeit: Abfahrt an der Ludwig-Grundschule am 5. August um 16 Uhr
Ankunft an der Ludwig-Grundschule am 6. August um 11 Uhr
Teilnehmer: Jungen und Mädchen (8 bis 12 Jahre)
Kosten: 17 €

Workshop: Herstellen einfacher Instrumente

Anmeldung: am Dienstag (8 bis 17 Uhr) einer jeden Woche im Zeitraum vom 1. August bis zum 15. September unter der Nummer 01234 718

Beschreibung: In diesem Workshop werden einfache Instrumente gebastelt. Ein erfahrener Instrumentenbauer zeigt euch, wie man einfache Instrumente wie Trommeln oder Saiteninstrumente baut. Jeden Donnerstag wird ein anderes Instrument gefertigt. Das Material wird im Kurs zur Verfügung gestellt. Freut euch jetzt schon darauf, wenn ihr euer Instrument dann ausprobieren dürft und es zu Hause oder in der Schule vorstellen könnt.

Mitbringen: Arbeitskittel, Rucksacktasche für das Instrument
Ort / Zeit: Musikschule am Rathausplatz
donnerstags 14.30 bis 16.30 Uhr
Teilnehmer: Jungen und Mädchen ab 9 Jahren
Kosten pro Nachmittag: 11 €

Kurs: Schnorcheln im Waldsee

Anmeldung: bis spätestens 28. Juli unter der Nummer 01234 718

Beschreibung: Die aufregende Unterwasserwelt kann man nicht nur in der Tiefsee erleben. Die heimischen Seen bergen viele Pflanzen und Tiere, die beobachtet werden können. Der Waldsee ist besonders geeignet für junge Schnorchler. Gut ausgebildete Tauchlehrer führen in das Erlebnis ein und passen auf, dass nichts passieren kann. Zwischen den kurzen Schnorchelversuchen ist genügend Gelegenheit zum Ausruhen. Auch für eine kräftige Brotzeit ist gesorgt.

Mitbringen: Badesachen, Handtücher, Schnorchel und Taucherbrille
Teilnehmer: Jungen und Mädchen ab 11 Jahren
Voraussetzung: Die Teilnehmer müssen sichere Frei- oder Fahrtenschwimmer sein.
Ort/Zeit: Jeden Mittwoch 13 bis 17 Uhr, Abfahrt mit dem Bus an der Römer-Grundschule pünktlich um 12 Uhr
Kosten: 18 €

Nur wer die Informationen zu den Ferienangeboten genau und richtig liest, erlebt keine unliebsamen Überraschungen.

Haben die Kinder auf der nächsten Seite die Informationen richtig verstanden? Wenn nicht, wo liegt der Fehler? Markiere die falschen Angaben oder das Problem und schreibe auf, was die Kinder falsch verstanden haben.

a Anna möchte an der Geisternacht teilnehmen. Ihre Tante Daniela hat ihr vorige Woche extra einen Schlafsack gekauft. Annas Mutter hat am 24. Juli unter der Telefonnummer 01234 718 angerufen und ihre Tochter angemeldet. Die 17 € Kosten übernimmt der Vater. Annas Taschengeld hätte da nicht ausgereicht Ganz schön aufgeregt läuft Anna mit ihrem Geistergepäck zum Treffpunkt an die Pestalozzi-Grundschule.

b Der neunjährige Sebastian ist sehr musikalisch. Seit einem Jahr nimmt er Klavierunterricht. Er interessiert sich für den Workshop „Herstellen einfacher Instrumente“. Eine Trommel wollte er immer schon bauen. Am Donnerstag geht er mit seinem Kittel und einer großen Tasche zur Musikschule am Rathausplatz. Bis 14.30 Uhr hat er noch eine Menge Zeit und so kauft er sich im Schreibwarengeschäft noch zwei linierte Hefte für die Schule. Sebastians Bruder Felix darf am Kurs leider nicht teilnehmen, weil er erst sechs Jahre alt ist. Der Instrumentenbau ist nur für Teilnehmer ab neun Jahren. Sebastian freut sich, dass man an zwei Nachmittagen für nur 11 € zwei Instrumente basteln und behalten darf.

c

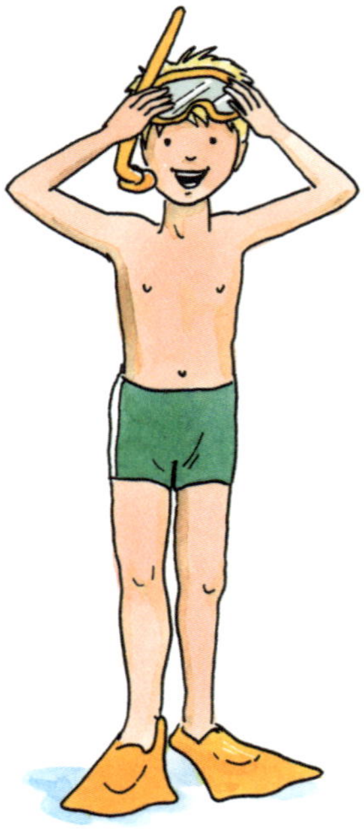

Leon ist am 25. April zehn Jahre alt geworden. In den Sommerferien möchte er den Schnorchelkurs besuchen. Seine Mutter meldet ihn unter der Telefonnummer 01234 718 an. Leon hat bereits im vorigen Jahr seine Fahrtenschwimmerprüfung gemacht. Heute ist nun der Kurs. Seine Mutter fährt ihn mit dem Auto zur Römer-Grundschule. Sie mahnt ihn: „Beeile dich ein wenig, Leon! Es ist schon gleich 12 Uhr.“

Leon hat gestohlen? – Längere Texte genau erfassen

Sophie und Jörg haben sich am Nachmittag in der Stadt getroffen. Da es sehr heiß war an diesem Tag, schlug Sophie vor: „Komm, ich spendiere dir ein Eis, Jörg!“ Das ließ sich Jörg nicht zweimal sagen. „Eine gute Idee!“, rief er. Die Kinder stellten sich vor der Eisdiele in einer langen Reihe an. Denn an diesem herrlichen Tag waren noch viele andere Leute auf die Idee gekommen, ein Eis zu essen.

Auf der gegenüberliegenden Straßenseite lag das Geschenke- und Spielwarengeschäft Fantasy. Vor dem Geschäft parkte ein Polizeiauto. „Wahrscheinlich ein Überfall im Fantasy“, scherzte Jörg. „Zwei Kugeln Erdbeere und einmal Banane, bitte!“, bestellte Sophie bei der Eisverkäuferin. Endlich war auch Jörg an der Reihe: „Für mich bitte einmal Schokolade, einmal Nuss und einmal Himbeere!“

„Ciao!“, rief die Verkäuferin, als sie das Eis ausgegeben hatte. „Ciao!“, erwiderten die Kinder. Sophie hätte beinahe ihr Eis verschluckt, als sie zum Fantasy hinüberschaute. „Sieh mal da!“ Auch Jörg traute seinen Augen nicht.

Leon kam mit einem Polizeibeamten aus dem Fantasy. Während ein Polizist am Steuer des Wagens wartete, wurde Leon vom anderen Beamten ins Auto gesetzt. Auch der zweite Polizist stieg ein – und ab ging die Fahrt.

„Das glaubt doch keiner!“, meinte Jörg. „Leon hat bestimmt etwas beim Fantasy mitgehen lassen. Wozu wäre sonst die Polizei da!“, war sich Sophie sicher.

„Jetzt wird mir einiges klar“, stellte Jörg fest. „Letzte Woche hatte Leon plötzlich ein teures Sticker-Album und gestern führte er uns am Klassencomputer sein neuestes Computerspiel vor. Diese Sachen hat er bestimmt auch gestohlen.“

Schon am nächsten Tag hatte es sich in der Schule herumgesprochen wie ein Lauffeuer: Leon hat gestohlen. Keiner wollte daher mit Leon in der Pause spielen. „Haben sie dich gestern im Fantasy beim Klauen erwischt, was? Das hättest du klüger anstellen sollen!“, war der geistreiche Vorschlag von Michael. „Aber die beiden Polizisten waren wohl schneller!“, fügte Tanja schadenfroh hinzu. „Mit einem Dieb spreche ich nicht“, sagte Dana. „Aber ich habe bestimmt nicht gestohlen …“, versuchte Leon zu erklären. Doch die Kinder achteten gar nicht auf ihn. „Leon ist ein Dieb! Leon ist ein Dieb! Leon ist ein Dieb!“, begann Lea im Pausenhof zu rufen und immer mehr Kinder stimmten in diesen Chor ein. Leon sagte nichts. Er schüttelte nur den Kopf und schlenderte ins Schulgebäude. „Dem scheint das überhaupt nichts auszumachen – ein abgebrühter Dieb!“, waren sich Kevin und Lena einig.

„Das finde ich richtig gemein von euch, wie ihr mit Leon umgeht! Nur weil er ein Sticker-Album und ein neues Computerspiel hat, verdächtigt ihr ihn. Das lässt sich doch leicht erklären …“ Anna war die Einzige, die zu Leon hielt und ihn nicht wie alle anderen lauthals einen Dieb nannte. Das sollte sie auch gleich bereuen, denn Yvonne drohte ihr: „Du kannst gleich Dresche beziehen!“ Tom, Philipp und Dana meinten: „Dann spiel doch mit einem Ladendieb!“

Nach der Pause stritten die Kinder im Klassenzimmer noch weiter. Tom begann, Anna herumzuschubsen, weil die doch Leon verteidigt hatte. Nach wenigen Augenblicken lagen die beiden am Boden und balgten sich.

„Was ist denn hier los?“, wollte Frau Reber, die Klassenlehrerin der 4 b, wissen. „Sofort hört ihr auf!“ „Leon hat gestohlen und Anna gibt sich mit einem Dieb ab!“, riefen alle durcheinander. Leon war nicht da. „Der traut sich wohl jetzt doch nicht mehr in die Klasse. Vorhin war er noch voll cool“, kommentierte Stefan.

Frau Reber trennte die beiden Streithähne und wartete, bis alle auf ihren Plätzen saßen. Endlich war Ruhe eingekehrt.

„So – Leon hat also gestohlen? Dann könnt ihr mir doch sicher sagen, was er gestohlen hat? Na, was ist, Dana? Philipp? Kevin? Lena? Und die anderen, die mit Leon, dem Ladendieb, nichts mehr zu tun haben wollen?“

„Aber Jörg hat doch erzählt … und Sophie war sich sicher … und das neue Computerspiel von Leon … Philipp hat gemeint … Lea hat schließlich im Pausenhof angefangen … alle sagen doch … und die Polizei verhaftet doch nur Diebe …“, murmelten die Kinder der 4 b durcheinander und vergaßen alle Gesprächsregeln, die sie einmal gelernt hatten.

„Ach ja, alle sagen so!“, nahm Frau Reber das Gespräch auf, und mit gesenkten Köpfen und mucksmäuschenstill, sodass man eine Stecknadel hätte fallen hören, verharrten die Kinder in der Klasse. „Und weil alle so sagen, muss es auch so sein? Ein Verdacht reicht – und schon ist einer ein Dieb?“ Trotz der Stille hörten die Kinder die Glocke zum Stundenwechsel nicht.

Die Tür ging auf und Leon kam mit den beiden Polizisten herein. Wer jetzt vermutete, dass Leon in Handschellen vorgeführt wurde, sah sich enttäuscht. Ganz im Gegenteil. Leon schien seinen Auftritt zu genießen. Eine Unverschämtheit – wie konnte Leon noch lachen? Und Leon lachte noch mehr, als er in die erstaunten Gesichter seiner Mitschülerinnen und Mitschüler blickte: „Ich habe wirklich nichts gestohlen!“, begann er. „Dieser Polizist hier ist Polizeihauptmeister Ritter.“ Herr Ritter ergriff nun das Wort: „Und das ist mein Kollege Fecher.“

Und Polizeihauptmeister Ritter fuhr fort: „Ich bin nun wiederum der Onkel von Leon, dem ‚Meisterdieb‘. Den habe ich gestern zufällig im Fantasy getroffen und er durfte mit dem Polizeiauto mitfahren. Wegen dieses Missverständnisses habt ihr meinen Neffen zum Ladendieb gemacht. Vorhin erst erfuhr ich von Leon davon. Eigentlich sind wir nur hier, um mit euch die erste Unterrichtsstunde für die Fahrradprüfung zu halten. Aber das habt ihr Superdetektive vor lauter Ladendiebstahl wohl völlig vergessen.“

28 Leon, ein Ladendieb?

Lies den Text „Leon hat gestohlen?“ genau durch und kreuze jeweils die richtige Antwort an.

Sophie hätte beinahe ihr Eis verschluckt, weil …

- sie den Mund zu voll genommen hatte. ☐ BE
- Leon mit der Polizei aus dem Fantasy kam. ☐ VE
- Jörg ihr die ganze Waffel in den Mund schob. ☐ L

Das Polizeiauto …

- fuhr mit Leon und zwei Polizisten davon. ☐ R
- fuhr mit Blaulicht davon. ☐ WE
- fuhr ohne Leon weg. ☐ A

Leon zeigte in der Klasse …

- ein Sticker-Album und ein Handy. ☐ IS
- ein Computerspiel und ein Handy. ☐ DA
- ein Sticker-Album und ein Computerspiel. ☐ MU

Im Pausenhof …

- drohte Tanja Anna Dresche an. ☐ CH
- balgten sich Tom und Felix. ☐ E
- hielten Kevin und Lena Leon für einen abgebrühten Dieb. ☐ TU

Nach der Pause …

- war Leon nicht im Klassenzimmer. ☐ NG
- begann Tom, Anna herumzuschubsen. ☐ D
- stellte Frau Reber der Klasse 4 b einige Fragen. ☐ T

Trage die angekreuzten Lösungen der Reihe nach in den Lösungskasten ein.

Als Leon mit der Polizei aus dem Fantasy kam, hatten Sophie und Jörg schon eine

.

29 Keiner will mit Leon etwas zu tun haben

Wie ein Lauffeuer sprach sich herum, dass Leon von der Polizei aus dem Fantasy geführt wurde. Die Kinder wollten plötzlich mit Leon nichts mehr zu tun haben. Finde heraus, welche Kinder die folgenden Sätze gesagt haben, und schreibe ihre Namen in die Tabelle.

- a „Aber die beiden Polizisten waren wohl schneller!“
- b „Wozu wäre sonst die Polizei da!“
- c „Das hättest du klüger anstellen sollen!“
- d „Leon ist ein Dieb!“
- e „Mit einem Dieb spreche ich nicht.“
- f „Das glaubt doch keiner!“
- g „Vorhin war er noch voll cool.“
- h „Du kannst gleich Dresche beziehen!“

a								
b								
c								
d								
e								
f								
g								
h								

Trage die gelb hinterlegten Buchstaben, von unten nach oben gelesen, in den Lösungskasten ein.

Leon steht unter

.

30 Textspuren aufnehmen

Lies durch, welche Zusatzinformationen Anna, Leon und Polizeihauptmeister Ritter noch geben können, und entscheide, an welcher Stelle des Textes „Leon hat gestohlen?" sie eingebaut werden könnten.
Gib die Zeilenzahl(en) an und schreibe den Satz, der vor dem jeweiligen Zitat steht, auf.

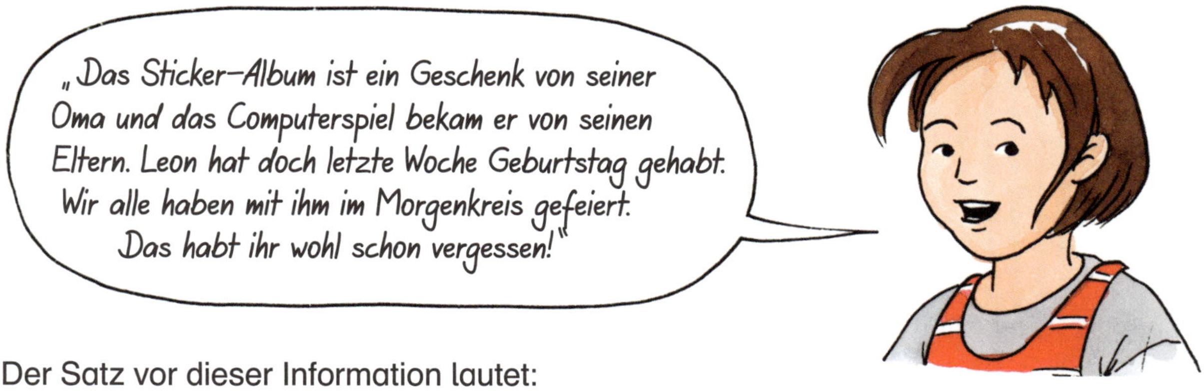

Der Satz vor dieser Information lautet:

____

Zeile(n): ________

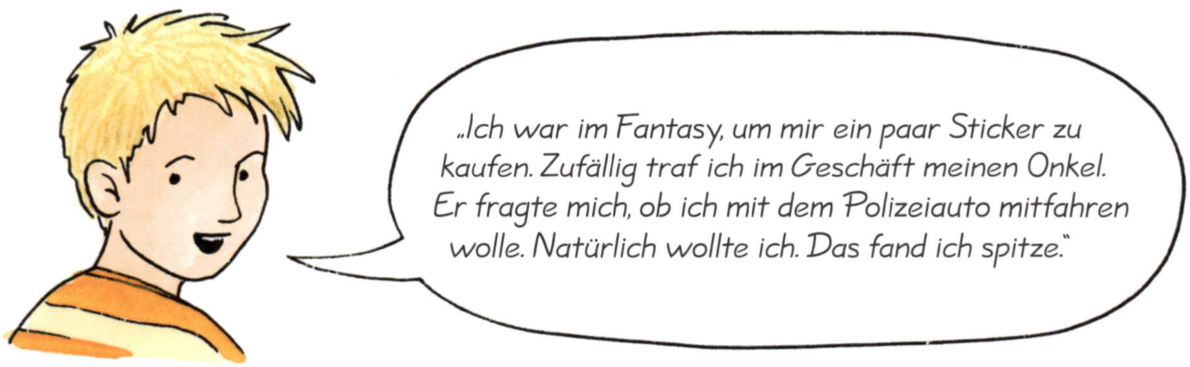

Der Satz vor dieser Information lautet:

____

Zeile(n): ________

Der Satz vor dieser Information lautet:

____

Zeile(n): ________

31 Und Anna?

Lies den Text auf Seite 35/36 und die Zusatzinformationen auf Seite 39 und kreuze an.

	richtig	falsch
Anna ruft wie alle anderen: „Leon ist ein Dieb!"	☐ T	☐ D
Anna hält zu Leon.	☐ N	☐ E
Anna weiß, woher Leon das Sticker-Album und das Computerspiel hat.	☐ U	☐ D
Anna wurde von den anderen bewundert, weil sie zu Leon hielt.	☐ I	☐ E
Anna schweigt lieber, weil sie von den anderen nicht herumgeschubst werden will.	☐ A	☐ R
Anna steht zu ihrer Meinung.	☐ F	☐ D

Lies die markierten Kennbuchstaben von unten nach oben und trage sie in den Lösungskasten ein.

Anna ist ein wahrer ☐☐☐☐☐☐ .

32 Bettina macht sich schlau

Da Leon auch am nächsten Tag das Schulhofgespräch Nummer 1 ist, möchte Bettina wissen, wie das mit dem Ladendieb war. Yvonne ist noch immer ganz aufgeregt und erzählt Bettina:

„Al le g laub ten, da ssL eonei nLa dend iebi st.Da smu ssteic hdoc hauc hglau ben.Sch ließl ichwu rdeLe onv onderP olize iaus demF anta sygeh olt. Esha tsi chab erhe rausg est ellt,d assL eon garn icht gest ohle nhat.E ine rderP oli zis tenis tnäm lichs einOn kel,de nerz ufäl ligi mSp ielw are nges chäf tgetr offe nha t.Ic hhab emi chg ründl ich ge irr tun dwer dem ichb eiLe one ntsch uldi gen.I chh abe gele rnt,da sses bess eris t,nic htau fan derez uhör en.InZ uk un ftwe rdei chmir mei nee ige neMe inun gb ilden."

Stelle den „aufgeregten" Text richtig. Teile dazu die Wörter mit senkrechten Strichen ab. Entscheide dann, ob die folgenden Sätze ganz genau (**g**), nicht ganz genau (**n**) oder überhaupt nicht (**ü**) mit dem „aufgeregten" Text übereinstimmen.

	g	n	ü
Schließlich wurde Leon von der Polizei aus dem Fantasy geholt.	☐	☐	☐
Auch an die Lehrerin stellte Bettina einige Fragen.	☐	☐	☐
In Zukunft werde ich mir selbst eine Meinung bilden.	☐	☐	☐
Ich habe mich gründlich geirrt und will mich bei Leon entschuldigen.	☐	☐	☐